Peter Güthler

Zu Ende gedacht

Mit Christus leben

extra rigatio

ZU ENDE GEDACHT

Mit Christus leben

rigatio rigatio.com

Impressum

Falls nicht anders angegeben, sind die Bibelstellen zitiert nach der Revidierten Elberfelder Übersetzung, 4. überarbeitete Auflage, © 1985/1991/2006 R. Brockhaus Verlag, Wuppertal

MEÜ: Menge-Übersetzung, Text von 1939, übersetzt von Hermann August Menge, © 1994 Deutsche Bibelgesellschaft

NeÜ: bibel.heute, Neue evangelistische Übersetzung, Karl-Heinz Vanheiden, © 2010 Christliche Verlagsgesellschaft, Dillenburg

SCH2000: Schlachter-Übersetzung Version 2000, © 2003 Genfer Bibelgesellschaft

Güthler, Peter
Zu Ende gedacht
Mit Christus leben

ISBN 978-3-95790-058-6

Satz und Gestaltung: rigatio

Bildernachweis:
S. 7: W. Schuppener
S. 8: AdobeStock_304102927
S. 14: AdobeStock_36324073
S. 20: W. Schuppener
S. 26: AdobeStock_11296188
S. 32: AdobeStock_84981821
S. 38: AdobeStock_304102927
S. 44: photocase_2290470
S. 50: photocase_1349759
S. 56: claudio-schwarz-purzlbaum_unsplash
S. 62: joshua-earle_unsplash

Inhalt

Einführung
Gut vollendet

Ob die Idee von einem Camping-Wochenende am Alpsee von mir kam oder von Thomas, weiß ich nicht mehr. Der Wetterbericht klang zwar nicht besonders vielversprechend, aber mein Freund war Optimist. Und so verstauten wir Zelt, Essen und Klamotten im Kofferraum seines VW Jetta und machten uns auf den Weg. Je näher wir unserem Ziel kamen, desto wolkenverhangener wurde der Himmel. Als wir den Campingplatz erreichten, setzte die Dämmerung ein. Es war Herbst, und um eine Reservierung hatten wir uns nicht gekümmert. Ob das der Grund dafür war, dass wir jetzt vor einer verschlossenen Schranke standen? Während wir im Auto beratschlagten, was nun zu tun sei, begann es zu regnen – erst nur wenig, dann in Strömen. Unser Zelt auf einer durchnässten Wiese aufschlagen? Kam gar nicht in Frage! Aber waren wir auf dem Weg nicht durch ein Neubaugebiet gefahren? Wir könnten doch in einem Rohbau übernachten! Und so begann eine der unbequemsten Nächte meines damals noch jungen Lebens: Der Wind blies den Regen durch die Fensteröffnungen, und das Flattern einer Plastikfolie verursachte einen solchen Lärm, dass an Schlaf gar nicht zu denken war. Obwohl wir damals noch single waren, wuchs in jener Nacht unser Respekt vor der Warnung Salomos in Sprüche 27,15 immens: „Ein tropfendes Dach, das einen vertreibt am Tag des Regengusses, und eine zänkische Frau gleichen sich."

Der Herr führt alle Dinge zu einem guten Ende. Was er angefangen hat, vollendet er. Was er in die Hand nimmt, führt er durch.

Charles Haddon Spurgeon (1834-1892), englischer Prediger

In einem Rohbau schläft es sich nicht gut – es fehlen Fenster, Fußböden und Inventar. Vielleicht befindet sich dein Leben mit Jesus gerade in einer ähnlichen „Bauphase": Das Fundament ist gelegt und Gott hat dir aus Gnade aufgrund deines Glaubens an das Evangelium neues Leben geschenkt (vgl. 1Kor 3,10). Auch liest du in der Bibel, betest und besuchst eine Gemeinde. Das ist gut so – aber noch lange nicht Gottes abschließendes Ziel! Er möchte, dass du nicht nur anfängst zu bauen, sondern auch vollendest (vgl. Lk 14,28-30). Dass es dir letztendlich „an nichts mehr fehlt und [dich] kein Makel entstellt" (NeÜ Jak 1,4). Dass wir alle „zu mündigen Christen heranreifen und in die ganze Fülle hineinwachsen, die Christus in sich trägt" (Eph 4,13 NeÜ).

In diese Richtung zielt der Kurs *Zu Ende gedacht*. In ihm geht es um Themen, die für deinen Alltag mit Christus wichtig sind. Die zehn Lektionen eignen sich nicht nur für das persönliche Bibelstudium, sondern auch für die Bearbeitung in der Gruppe. Dabei studieren die Teilnehmer jede Woche zu Hause eine Lektion und treffen sich danach mit den anderen Mitgliedern der Gruppe, um sich über das Gelernte auszutauschen. Während des Treffens werden Fragen erörtert, die beim Studium des Themas aufgetaucht sind.

Hier einige Tipps für dein persönliches Studium zu Hause:

- Bevor du mit der Bearbeitung einer Lektion anfängst, bitte Gott, dass er durch sein Wort zu dir spricht.

- Lies den Impulsgedanken zu Beginn jeder Lektion und denke über die dazugehörige Frage nach („Zum Nachdenken"). Auf diese Weise bekommst du einen guten Einstieg in das Thema.

- Die darauffolgenden Fragen beziehen sich auf Aussagen der Bibel. Durch sie findest du heraus, was Gottes Wort über das jeweilige Thema sagt. Schlage die Stellen in deiner Bibel nach und lies sie dir aufmerksam durch.

- Vermerke deine Antworten mit eigenen Worten auf den dafür vorgesehenen Zeilen. Das Aufschreiben wird dir dabei helfen, deine Gedanken klar zu formulieren.

- Danke Gott am Ende jeder Lektion für das, was er dir beigebracht hat. Und bitte ihn um Hilfe, dass du aus dem Gelernten die richtigen Schlüsse für dein persönliches Leben ziehen kannst.

- Auf www.rigatio.com findest du zu jeder Lektion Lösungsvorschläge, Zusatzfragen und Illustrationen zum kostenlosen Download.

Peter Güthler

Lektion 1: Stellung

Gewand der Gerechtigkeit

Die Toga war das Gewand des römischen Bürgers. Sie bestand aus einem etwa sechs Meter langen und zweieinhalb Meter breiten Stoff aus weißer Wolle, der ohne Befestigung um den Körper drapiert wurde. Ein Knabe trug bis zu seiner Volljährigkeit die *toga praetexta* (zu Deutsch: umsäumte Toga), die mit einem sieben Zentimeter breiten Purpurstreifen eingefasst war. Mit 17 legte er diese im Rahmen einer feierlichen Zeremonie ab und tauschte sie gegen die *toga virilis* – die Männertoga, die ihn als vollwertigen Bürger erkennen ließ, der z. B. Verträge abschließen und Grundeigentum besitzen konnte. – Auch der Apostel Paulus war Römer (vgl. Apg 22,28). Vielleicht erinnert er sich daran, wie ihm als junger Mann zum ersten Mal die Männertoga angelegt wurde, als er schreibt: „Ihr alle, die ihr auf Christus getauft worden seid, ihr habt Christus angezogen" (Gal 3,27).

Die Taufe ist das äußere Zeichen deiner Identifikation mit Christus: Als Gläubiger bist du mit ihm gestorben, begraben und auferstanden (vgl. Röm 6,3-6). In Galater 3,27 vergleicht Paulus dieses Einssein mit dem Tragen eines Kleidungsstücks: Ähnlich wie man eine Toga anzieht, hast du „Christus angezogen“. Wenn Gott auf dich schaut, sieht er seinen Sohn. Du bist „in ihm“ (vgl. 1Kor 1,30), und dein „Leben ist verborgen mit dem Christus in Gott“ (Kol 3,3):

- Du sündigst, doch er erblickt „kein Unrecht“ in dir (4Mo 23,21), denn „in Christus“ hast du „Vergebung der Sünden“ (Eph 1,7).
- Du siehst aus wie früher, aber du hast „ein neues Herz und einen neuen Geist“ (Hes 18,31), denn „wenn jemand in Christus ist, so ist er eine neue Schöpfung“ (2Kor 5,17).
- Du lebst auf Erden, doch dein „Bürgerrecht ist in den Himmeln“ (Phil 3,20), weil er dich mitsitzen lässt „in der Himmelswelt in Christus Jesus“ (Eph 2,6).

> *Alles, was wir mit Recht von Gott erwarten, erbitten dürfen, ist in Jesus Christus zu finden.*
>
> Dietrich Bonhoeffer (1906-1945), lutherischer Theologe

Gott hat dich „in die Stellung“ eines Gerechten versetzt (Röm 5,19); du bist bekleidet mit dem „weißen Gewand“ seines Sohnes (vgl. Offb 6,11). Schau daher nicht auf dich selbst und auf dein Versagen, sondern freu dich an den Segnungen, die du in Jesus Christus besitzt, dem Sohn Gottes!

Zum Nachdenken: „Kleider machen Leute“, heißt es im Volksmund, und gewisse Kleidungstücke verleihen einem Menschen sogar Autorität. Welches Beispiel fällt dir dafür ein? Wer stellt z. B. eine „Uniform“ zur Verfügung? Wer „bekleidet“ den Glaubenden mit „Christus Jesus“ (vgl. 1Kor 1,30)?

1. Frage: Wie beschreibt die Bibel den Zustand, in dem du dich vor deiner Errettung befunden hast?

Römer 5,14

Epheser 2,1-2

Epheser 4,17-19

2. Frage: Was geschah bei deiner Wiedergeburt?

1. Korinther 1,30

Epheser 2,4-6

Kolosser 2,9-10

3. **Frage: Jesus Christus ist Gott – in seiner ganzen Vollkommenheit, ohne Abstriche (vgl. Kol 2,9)! Was meint Paulus, wenn er davon spricht, dass du in Christus „zur Fülle gebracht“ worden bist?**

4. **Frage: In Johannes 1,16 heißt es über den Herrn Jesus: „Aus seiner Fülle haben wir alle empfangen.“ An welchen Segnungen (vgl. Eph 1,3) darfst du dich aufgrund deiner Stellung „in Christus“ erfreuen?**

   2. Korinther 5,17

   Galater 3,26

   Epheser 1,6

   Kolosser 1,22

Hebräer 10,14

2. Petrus 1,3-5

Über welche Segnungen freust du dich besonders? Weshalb?

5. **Frage: Wozu fordert dich die Schrift aufgrund deiner einzigartigen Stellung in Christus auf?**

Epheser 5,1

Kolosser 3,1-3

1. Petrus 1,16

1. Petrus 2,9

2. Petrus 1,5-8

1. Johannes 2,6

6. Frage: Was ist die Voraussetzung dafür, dass die o. g. Dinge in deinem Leben Wirklichkeit werden (Joh 15,5)?

Erkläre mit deinen eigenen Worten, was es bedeutet, „in Christus zu bleiben".

Lektion 2: Überfluss

Ströme lebendigen Wassers

Am 11. Juli 2019 war in den Stuttgarter Nachrichten zu lesen:

„In nüchternem Behördendeutsch schildert ein Facebook-Posting der Polizei Ludwigsburg den Tatbestand: ‚Parken innerhalb einer Grenzmarkierung durch ein rotes sportliches Cabriolet ...' Auf dem Foto ist ein etwa 60 Zentimeter langes Spielzeugauto der Marke Bobby-Car zu sehen. Gemäß Polizeiangaben parkte es ... auf einem durch Zacken markierten Bereich der Jägerstraße in Ludwigsburg. ... Wie sich herausstellte, drückten die Beamten ein Auge zu und beließen es bei einer mündlichen Ermahnung. Zu recht, denn weitere Ermittlungen ergaben: Der Fahrzeughalter ist ein Minderjähriger – nicht im strafmündigen Alter. So versicherte ein Polizeisprecher, dass daher kein Bußgeld verhängt wurde."[1]

Auch wenn sich der minderjährige „Fahrzeughalter" auf seinem Bobby-Car wie ein Erwachsener vorgekommen sein mag: Ein Rutschauto ist kein Pkw, und wenn man es „falsch parkt“, gibt’s auch keinen Strafzettel. Doch ein Bobby-Car hat auch einen entscheidenden Nachteil: Ihm fehlt der Motor, und wenn du vorwärtskommen willst, musst du dich selbst anschieben.

Vielleicht „schiebst“ auch du dich aus eigener Kraft durchs Leben, und im Kampf gegen die Sünde erlebst du mehr Schlappen als Siege. Das Leben „in Überfluss“, von dem Jesus in Johannes 10,10 spricht, scheint nicht mehr als eine Sehnsucht im Herzen zu sein. Doch das muss nicht so bleiben. Denn ebenso, wie du „in Christus“ bist (1Kor 1,30), lebt Christus auch in dir (vgl. Gal 2,20). Du fragst: „Wie wird sein Leben in mir wirksam?“ Zunächst durch Glauben (vgl. Eph 3,17): Rechne fest mit der Tatsache, dass du mit Christus gekreuzigt (vgl. Röm 6,6) und tot „für die Sünde“ bist (Röm 6,11 NeÜ). Dann durch Hingabe: „Stellt euch selbst Gott zur Verfügung als Lebende aus den Toten und eure Glieder Gott zu Werkzeugen der Gerechtigkeit!“ (Röm 6,13).

Nein, du musst nicht das Schicksal eines Rutschauto-Fahrers teilen! Christus wohnt in dir, und mit ihm seine Kraft (2Kor 12,9; Eph 1,19)! Rechne mit ihm. Gib dich ihm hin. Erfahre Leben „in Überfluss“!

Wenn du Christus nur glauben würdest! Nicht allein dem Gekreuzigten, der starb, um dich zu erlösen, sondern auch dem Lebendigen, dessen Leben in dir und durch dich Gestalt gewinnen möchte.

W. I. Thomas (1914-2007),
Gründer der Missionsgemeinschaft der Fackelträger

Zum Nachdenken: Die Christen in Galatien wollen aus eigener Anstrengung ein gottgefälliges Leben führen (vgl. Gal 3,3). In welchen Bereichen des Glaubenslebens siehst du dich selbst – oder Gläubige in deinem Umfeld – in derselben Gefahr?

1. **Frage: Jemand sagte: „Man muss wissen, wo man das suchen muss, was man zu finden erhofft." Wohin musst du dich wenden, wenn du überfließendes Leben suchst (Joh 5,26; 1Jo 5,11)?**

2. **Frage: Wie beschreibt der Herr Jesus das von ihm verheißene Leben (vgl. 1Jo 2,25)?**

Johannes 4,14

Johannes 7,38

Johannes 10,10

3. **Frage: Bei deiner Bekehrung hat Jesus Christus in dir Einzug gehalten (vgl. Joh 14,23), und mit ihm das Leben, das er „in sich selbst“ hat (Joh 5,26). Was ist die Voraussetzung dafür, dass er immer mehr Besitz von dir ergreifen kann?**

Johannes 14,21

Epheser 3,17

4. **Frage: Damit „das Leben Jesu an [deinem] Leibe offenbar“ werden kann (2Kor 4,10), braucht es deine Mitwirkung. Woraus kann diese Mitwirkung bestehen (linke Spalte)? Wie könntest du die erwähnten Prinzipien konkret in deinem Alltag umsetzen (rechte Spalte)?**

	Wie kann ich mitwirken?	Wie kann ich das umsetzen?
Römer 6,11		
Römer 6,13		
Galater 5,16		

5. **Frage: Was könnte die Ursache dafür sein, dass göttliches Leben in einem Menschen *nicht* zum Vorschein kommt?**

Lukas 6,46

Römer 8,9

Galater 3,3

Hebräer 11,6

6. **Frage: W. I. Thomas stellte fest: „Christus selbst ist die Triebkraft zur Erfüllung seiner Forderungen." Was bewirkt göttliches Leben in einem Menschen? Ordne die Verse richtig zu:**

Johannes 5,30 • Römer 5,17 • Römer 6,14 • Römer 8,2 • 2. Korinther 4,16 Galater 5,22-23 • Philipper 2,13 • Kolosser 1,27 • Kolosser 3,10 • 2. Petrus 1,3 1. Johannes 1,3 • 1. Johannes 5,4.	
Du bist befreit von dem Gesetz der Sünde.	
Du wirst verändert in das Bild des Herrn Jesus.	
Gott beeinflusst dein Wünschen und Handeln.	
Du hast Gemeinschaft mit dem Vater und dem Sohn.	
Du hast die Welt überwunden.	
Du besitzt alles zum Leben und zur Gottseligkeit Erforderliche.	
Dein innerer Mensch wird täglich erneuert.	
Du hast die Zutrittsberechtigung für den Himmel.	
Du herrschst im Leben durch Jesus Christus.	
In deinem Leben wird die Frucht des Geistes sichtbar.	
Du strebst danach, Gottes Willen zu tun.	
Du wirst nicht von der Sünde beherrscht.	

Lektion 3: Charakter

Verändert in sein Bild

Um das Jahr 1930 erstellt der Maler Elías García Martínez (1858-1934) ein Wandgemälde mit dem dornengekrönten Christus. Mit Bezug auf Johannes 19,5, wo Jesus von Pilatus den Juden vorgeführt wird, nennt er es *Ecce Homo*, zu Deutsch *Siehe, der Mensch*. Mehr als 80 Jahre später traut Pfarrer Florencio Garces seinen Augen nicht, als er die Barmherzigkeitskapelle des spanischen Dorfes Borja betritt, denn das ursprüngliche Bildnis ist nicht wiederzuerkennen: Die Dornenkrone wurde überpinselt, und die edlen Züge, mit denen Martínez den Menschensohn ausgestattet hat, sind konturlosen, beige-braunen Farbflächen gewichen. Während die Behörden noch von einem Akt mutwilliger Zerstörung ausgehen, meldet sich beim örtlichen Kulturamt die über achtzigjährige Doña Cecilia Giménez, die Urheberin der künstlerischen Katastrophe. Sie wohnt in der Nähe der Kirche und hat spontan zum Pinsel gegriffen, um Beschädigungen an der Wandmalerei „auszubessern". Experten versuchen nun mit viel Aufwand, das ursprüngliche Bild wiederherzustellen.

Etwas Ähnliches ist mit uns Menschen passiert: Gott schuf uns „nach seinem Bild" (1Mo 1,27), „und siehe, es war sehr gut" (1Mo 1,31). Die Sünde jedoch „beschädigte" die einstmalige „Krone der Schöpfung" und machte sie zu einem Zerrbild ihrer selbst. Die amateurhaften Versuche des Menschen, das ursprüngliche Bild durch religiöse Bemühungen wiederherzustellen, schlugen fehl. „Als aber die Fülle der Zeit kam, sandte Gott seinen Sohn" (Gal 4,4) – den perfekten Menschen: „heilig, sündlos, unbefleckt" (Hebr 7,26) und „vollkommen" (Hebr 2,10). Am Kreuz wurde er für dich „zur Sünde gemacht" (2Kor 5,21), damit du in ihm „eine neue Schöpfung" werden kannst (2Kor 5,17).

Gott hat ein so großes Wohlgefallen an seinem Sohn, dass er den ganzen Himmel mit Menschen bevölkern will, die so sind wie er.

William MacDonald (1917-2007), amerikanischer Bibellehrer

Das ist Gottes Ziel: das ursprüngliche Bild wiederherzustellen und dich „in Wesen und Gestalt seinem Sohn gleich" zu machen (Röm 8,29 NeÜ)! In vollkommener Weise wird dies erst dann der Fall sein, wenn du einmal in der Ewigkeit bei ihm bist (vgl. 1Jo 3,2). Doch schon jetzt möchte der Heilige Geist in dir die Eigenschaften des einzig vollkommenen Menschen zum Vorschein bringen.

Betrachte seine Vollkommenheit – und lass dich verändern in sein Bild (vgl. 2Kor 3,18)!

Zum Nachdenken: Jesus ist das ultimative Vorbild für jeden Christen. Doch er benutzt auch das Beispiel anderer Gläubiger, um unseren Charakter zu verändern (vgl. Phil 3,17). Welche Menschen haben dich positiv geprägt? Welche Eigenschaften hast du von ihnen „abgeschaut"?

1. Frage: Was erfährst du in den folgenden Versen über das Ziel, das Gott mit dir verfolgt?

Römer 8,29

Römer 12,2

Galater 4,19

Epheser 1,4

Kolosser 1,28

2. **Frage: Jesus hat dir „ein Beispiel hinterlassen", damit du „seinen Fußspuren" nachfolgst (1Petr 2,21). Wie er ist, sollst auch du sein. Ordne die Verse den entsprechenden Eigenschaften zu:**

Matthäus 21,5 • Markus 10,45 • Lukas 9,51 • Johannes 8,10-11 • Johannes 14,31 Johannes 15,13 • Hebräer 2,17 • Hebräer 4,15 • 2. Petrus 3,9.	
Jesus ist heilig.	
Jesus ist barmherzig.	
Jesus ist gnädig.	
Jesus ist langmütig.	
Jesus ist sanftmütig.	
Jesus ist zielstrebig.	
Jesus ist zum Dienen bereit.	
Jesus liebt den Vater.	
Jesus liebt die Menschen	

Wähle *zwei* Eigenschaften aus, in denen du wachsen willst. Schreibe die dazugehörigen Verse auf eine Karte und lerne sie auswendig.

1. Eigenschaft: __________

1. Vers: __________

____

2. Eigenschaft: __________

2. Vers: __________

____

3. **Frage: „Unsere Eigenschaften müssen wir kultivieren, nicht unsere Eigenheiten", sagte einst Johann Wolfgang von Goethe (1749-1832). Doch genau daran scheitern wir so oft. Woher stammt die Kraft zur Veränderung deines Charakters (Phil 2,13; Kol 1,29; 2Petr 1,3)?**

4. **Frage: Durch den Glauben an Christus bist du „Teilhaber der göttlichen Natur" geworden (2Petr 1,4). Was kannst du tun, dass dein Charakter immer mehr dem seinen entspricht? Fasse die Verse mit deinen eigenen Worten zusammen.**

   Psalm 1,2

   Johannes 15,4-5

   2. Korinther 3,18

   Galater 2,20

   Epheser 5,1

   Hebräer 13,7

Jakobus 1,2-4

Jakobus 1,22

---

5. **Frage: Wiederholt verwendet der Apostel Paulus in seinen Briefen das Bild vom „Ablegen" des alten Menschen und dem „Anziehen" des Christus (vgl. Röm 13,14). Lies Kolosser 3,5-17. Welche Dinge gilt es abzulegen, welche anzuziehen, wenn du Christus ähnlicher werden willst?**

Ablegen (Kol 3,5-11)	Anziehen (Kol 3,12-17)
Wähle *eine* Sache aus, die du „ablegen" willst, und gib ein Beispiel, wie diese Sünde in deinem Leben zum Vorschein kommt. Was kannst du tun, um sie mit Gottes Hilfe zu überwinden?	
Beispiel	Maßnahme
Suche dir jetzt *eine* Sache aus, die du „anziehen" willst. Wie sollte diese Eigenschaft in deinem Leben sichtbar werden? Was könntest du tun, um sie zu fördern?	
Beispiel	Maßnahme

Lektion 4: Gottesfurcht

Der Anfang der Erkenntnis

Einer der berüchtigtsten Verbrecher der 1920er- und 30er-Jahre ist Al Capone (1899-1947). Als Boss der Chicagoer Unterwelt macht er seine Geschäfte mit Glücksspiel, Prostitution und Erpressung. Seine Devise lautet: „Man kommt viel weiter mit einem freundlichen Wort und einer Pistole als mit einem freundlichen Wort allein." Auf sein Konto gehen zahlreiche Morde, die ihm die Behörden allerdings nicht nachweisen können. Als er 1931 zu elf Jahren Freiheitsstrafe verurteilt wird, geschieht dies wegen einer Straftat, die manche als „Kavaliersdelikt" abtun würden: Steuerhinterziehung.

Vor vielen Jahre befürchtete meine Frau, sie müsse das Schicksal des Gangsterbosses teilen. Doch am Besten lasse ich sie selbst erzählen:

„Ich besaß einen Blumenladen in Kalifornien und hatte im Laufe der Jahre so manchen Dollar am Finanzamt vorbei in die Schwarze Kasse gewirtschaftet. Als ich 1984 zu Jesus fand, verstand ich, dass er am Kreuz für meine Sünden gestorben war. Anhand von Markus 12,17, wo Jesus sagt: ‚Gebt dem Kaiser, was des Kaisers ist', wurde mir klar, dass ich noch eine offene Rechnung zu begleichen hatte und mich bei der US-Finanzbehörde melden musste – als Steuerhinterzieherin. Vor den Konsequenzen dieses Schrittes hatte ich riesige Angst – immerhin hatte Al Capone elf Jahre lang dafür eingesessen! Aber die Entscheidung, Gott zu gehorchen, war getroffen."

Gottesfurcht ist die ehrfürchtige Unterwerfung unter einen Gott, der dich liebt. Der Wunsch, ihm zu gehorchen, überwindet jede Furcht vor Konsequenzen. Aus Liebe und Dankbarkeit beugst du dich unter seinen Willen. „Die Furcht des HERRN ist der Anfang der Erkenntnis" (Spr 1,7). Keiner weiß besser als er, was gut für dich ist. „Durch Ehrfurcht vor Jahwe" wäre auch Al Capones Leben ganz anders verlaufen, denn durch sie „bleibt man dem Bösen fern" (Spr 16,6 NeÜ).

> *Was Gott über dich denkt, ist viel wichtiger, als was andere über dich denken.*
>
> Unbekannter Autor

„Wer vor Gott kniet, kann vor Menschen aufrecht stehen."[2] Deshalb konnte meine Frau damals der US-Steuerbehörde einen „Bekennerbrief" schicken. Ins Gefängnis musste sie nicht. Sie durfte jedoch erfahren: „Besser wenig in der Furcht des HERRN als ein großer Schatz und Unruhe dabei" (Spr 15,16).

Zum Nachdenken: Weshalb fürchten wir uns oft mehr vor Menschen als vor Gott? Vor welchen Konsequenzen haben wir Angst, wenn wir auf Menschen blicken?

1. **Frage: „Die Furcht des HERRN ist Zucht zur Weisheit" (Spr 15,33), aber eine Person ohne Gottesfurcht (vgl. Ps 36,2) lässt sich von Gott nichts sagen. Wie nennt die Heilige Schrift eine solchen Menschen (Spr 1,7)?**

2. **Frage: Mit welchen Folgen muss man rechnen, wenn es einem an Gottesfurcht fehlt?**

   Sprüche 1,29-31

   Sprüche 10,27

3. **Frage: Vervollständige die folgenden Sätze:**

   „Gottesfurcht ist besser als ____________________" (Spr 15,16).

   „Streben nach Gottesfurcht ist wichtiger als ____________________" (Spr 23,17).

   „Gehorsam gegenüber Gott ist wichtiger als ____________________" (Apg 5,29).

4. **Frage: Auf welche Verheißungen darf sich ein gottesfürchtiger Mensch stützen?**

   2. Chronik 16,9

Sprüche 14,26-27

Sprüche 19,23

Sprüche 22,4

5. **Frage: Womit verknüpft die Heilige Schrift die Aufforderung, Gott zu fürchten?**

Prediger 12,13

Offenbarung 14,7a

Wovon distanziert sich ein gottesfürchtiger Mensch (Hi 28,28; Spr 8,13; 16,6)?

6. Frage: Welche Auswirkungen hat die „Furcht des HERRN" bei Hiob und dem Sohn Gottes?

Hiob 2,3

Jesaja 11,2-4

7. Frage: Was würdest du über jemanden denken, der sich als „gottesfürchtig" bezeichnet, aber „bedenkenlos weiter [sündigt]" (1Jo 3,6 NeÜ)?

8. Frage: Weshalb solltest du nicht Menschen fürchten, sondern Gott?

Sprüche 29,25

Matthäus 10,28

9. Frage: Im Folgenden lernst du Personen kennen, die in bestimmten Situationen mehr Furcht vor Menschen gehabt haben als vor Gott. Um welche Personen handelt es sich? Vor welchen Menschen haben sie Angst? Was sind die Folgen ihrer Menschenfurcht?

Textstelle/ Person	Objekt der Furcht	Folgen der Furcht
1Sam 15,24+26		
Mt 26,69-75		
Joh 12,42-43		
Joh 19,12-13		
Gal 2,11-13		

Nenne ein Beispiel für eine Situation, in der sich Menschenfurcht in deinem Leben negativ ausgewirkt hat. Was wäre geschehen, wenn du stattdessen Gott gefürchtet hättest?

Lektion 5: Führung

Die Stimme des Hirten

Im Jahr 1832 wird der französische Diplomat Ferdinand de Lesseps (1805-1894) als Vizekonsul ins ägyptische Alexandria entsandt. Als bei einem Mitreisenden eine ansteckende Krankheit ausbricht, stellt die Hafenbehörde das Schiff unter Quarantäne – eine frustrierende Erfahrung für einen aufstrebenden jungen Mann wie Ferdinand! Zum Zeitvertreib schickt ihm der Generalkonsul einen Stapel Bücher, unter denen sich ein Bericht des französischen Ingenieurs Jacques-Marie Le Père (1763-1841) befindet. Dieser war Mitglied der Ägyptischen Expedition Napoleons und beschäftigte sich mit der Möglichkeit des Baus eines Kanals zwischen dem Roten Meer und dem Mittelmeer – einer Idee, die Ferdinand ein Leben lang nicht mehr loslassen wird. Jahre später entwirft er einen detaillierten Plan für den Bau des *Suez-Kanals*, der am

17. November 1869 fertiggestellt wird. – Eine als lästig empfundene Unterbrechung erweist sich Jahrzehnte später als entscheidende Weichenstellung.

„Das Herz des Menschen plant seinen Weg, aber der HERR lenkt seinen Schritt" (Spr 16,9). So sehr du dich auch bemühst, die Marschroute für dein Leben abzustecken: Gott entscheidet darüber, ob sie auch tatsächlich so verläuft (vgl. Jak 4,13-16). Manchmal greift er – wie bei Ferdinand – auf wundersame Weise ein und lenkt dein Leben in eine unerwartete Richtung. Das ist Gottes Fügung.

Die Geschichte meines Lebens wird der Welt sagen, was sie mir sagt: Es gibt einen liebevollen Gott, der alles zum Besten führt.

Hans Christian Andersen (1805-1875), dänischer Dichter und Schriftsteller

Ein anderes Mal hältst du Ausschau nach Gottes Führung. Du musst angesichts einer Vielzahl von Möglichkeiten die richtige Entscheidung treffen und freust dich, dass es in Psalm 25,9 heißt: Er „lehrt die Sanftmütigen seinen Weg." Sein Wort ist ein Licht für deinen Pfad (vgl. Ps 119,105), und sein Geist führt dich „auf ebener Bahn" (Ps 143,10 MEÜ). Er „will dich unterweisen und dich lehren den Weg, den du gehen sollst" (Ps 32,8). Wenn du seine Stimme vernimmst, sei „nicht wie ein Ross", das ungeduldig und ohne Kommando voranstürmt, oder „wie ein Maultier", das eigensinnig stehenbleibt, obwohl es den Weg kennt (Ps 32,9).

Bete, wenn du deine Pläne schmiedest. Höre auf die Stimme des Guten Hirten (vgl. Joh 10,3). Und gib Acht, dass du ihm folgst und nicht leichtsinnig vor ihm davonläufst!

Zum Nachdenken: Der Evangelist Wilhelm Busch (1887-1966) stellte fest: „Wie viele Menschen sind gescheitert, weil sie nach ihrem eigenen Willen liefen und nicht nach Gottes Führung fragten!" Welches Beispiel aus deinem Leben fällt dir ein, wo sich diese Aussage bestätigt hat?

1. **Frage: Welche Zusagen macht die Bibel hinsichtlich Gottes Führung?**

   Psalm 32,8

   Jesaja 58,11

   Wie kommt die Zuversicht der Psalmisten in Bezug auf Gottes Führung zum Ausdruck?

   David (Ps 23,1-3)

   Korahs Söhne (Ps 48,15)

   Asaph (Ps 73,24)

2. Frage: Beim Paartanz ist es nicht nur wichtig, dass der Mann führt, sondern auch, dass die Frau sich führen lässt. Ähnlich ist es mit Gott und dir: Er will dich führen, aber du musst dich auch führen lassen. Welche Voraussetzungen sind dazu erforderlich?

Psalm 25,12

Psalm 37,5

Sprüche 3,5-6

Römer 12,2

3. Frage: Was könnte der Grund dafür sein, dass ein Mensch die Führung Gottes nicht erfährt?

Psalm 32,9

Sprüche 3,5

Sacharja 1,4

4. Frage: In einer Redensart heißt es: „Der Mensch denkt, aber Gott lenkt.“
Wie tut er das? Ordne die Verse richtig zu:

2. Samuel 7,3 • Rut 2,3; 4,13 • Psalm 37,4 • Psalm 119,105 • Psalm 143,10 Sprüche 15,22 • Sprüche 20,18 • Römer 8,14 • Römer 8,28 • 2. Timotheus 3,16.	
durch sein Wort	
durch seinen Geist	
durch Ratgeber	
durch persönliche Wünsche	
durch Umstände	

5. **Frage: Oft brauchst du nicht erst lange zu fragen, ob eine Sache Gottes Willen entspricht, weil die Bibel eine eindeutige Aussage dazu trifft. Was will Gott?**

1. Thessalonicher 4,3

1. Thessalonicher 5,18

1. Timotheus 2,4

1. Petrus 2,15

6. **Frage: An manchen Weggabelungen des Lebens ist es zunächst nicht ganz klar, wie Gott führen will. Wozu ermutigt dich die Bibel in solchen Situationen (Ps 27,14; 123,2; Spr 10,28)?**

Lektion 6: Besitz
Vom Glück der Genügsamkeit

In der Hafenstadt Korinth kennt man den griechischen Denker Diogenes von Sinope (412-323 v. Chr.) als Obdachlosen. Seine Schlafstätte ist ein großes Fass. Als er einmal beobachtet, wie Kinder aus den Händen trinken und Linsenbrei in einem ausgehöhlten Brot aufbewahren, wirft er seinen Becher und seine Essschüssel weg. Der Philosoph besitzt gerade mal einen Mantel, einen Stock und einen Rucksack mit einigen Utensilien. Er ist Anhänger des *Kynismus*, einer Philosophie, die den Zustand maximaler Bedürfnislosigkeit idealisiert. Ihre Vertreter lehren: „Je weniger du besitzt, desto weniger kann dir genommen werden. So richtig glücklich kannst du nur dann sein, wenn du überhaupt keine Bedürfnisse mehr hast. Die Güter dieser Welt stehen der wahren Glückseligkeit im Weg und sind ein Übel!"

Diese Sichtweise ist der Bibel fremd. Sie stellt dir einen Gott vor, der „alles reichlich darreicht zum Genuss“ (1Tim 6,17). Er lässt den Wein wachsen, „der des Menschen Herz erfreut“ (Ps 104,15). Wenn er jemandem „Reichtum und Schätze gibt und ihm gestattet, davon zu genießen und sein Teil zu nehmen und sich zu freuen in seiner Mühe, so ist das eine Gabe Gottes“ (SCH2000 Pred 5,18).

Auf der anderen Seite ruft dich die Heilige Schrift auch dazu auf, dich mit dem zufrieden zu geben, was du tatsächlich zum Leben brauchst: „Begnügt euch mit dem, was vorhanden ist“, heißt es in Hebräer 13,5. Paulus erklärt: „Wenn wir also Nahrung und Kleidung haben, soll uns das genügen“ (1Tim 6,8 NeÜ). Der Apostel kennt beides, Armut *und* Reichtum. In Philipper 4,12-13 bezeugt er: „In jedes und in alles bin ich eingeweiht, sowohl satt zu sein als auch zu hungern, sowohl Überfluss zu haben als auch Mangel zu leiden. Alles vermag ich in dem, der mich kräftigt.“

Es gibt nur ein Mittel, sich wohl zu fühlen: Man muss lernen, mit dem Gegebenen zufrieden zu sein und nicht immer das verlangen, was gerade fehlt.

Theodor Fontane (1819-1898), deutscher Schriftsteller

Gottesfurcht – gepaart mit Genügsamkeit – ist „ein großer Gewinn“ (1Tim 6,6). Der Autor und Prediger Jerry Bridges (1929-2016) erklärt: „Wer genügsam ist, weiß um Gottes völlige Vorsorge für seine Bedürfnisse und um Gottes völlige Gnade in seinen Umständen.“ Denn Gott selbst hat gesagt: „Ich will dich nicht aufgeben und dich nicht verlassen“ (Hebr 13,5)!

Zum Nachdenken: Welche Dinge gehören für dich zu einem angemessenen Lebensstandard?

1. **Frage: Die Heilige Schrift spricht an vielen Stellen über materielle Dinge. Hier sind einige Beispiele. Fasse die Aussagen kurz zusammen.**

   Psalm 37,25 (David)

   Prediger 5,19 (Salomo)

   Matthäus 6,31-32 (Jesus)

   Philipper 4,19 (Paulus)

2. **Frage: Im Leben von Menschen, die Gott nicht kennen, dreht sich vieles um Essen, Trinken, Kleidung und anderes (vgl. Mt 6,32). Worauf sollte *dein* Augenmerk gerichtet sein (Mt 6,33; vgl. Joh 6,27)?**

Was bedeutet es, „zuerst nach dem Reich Gottes und nach seiner Gerechtigkeit“ (Mt 6,33) zu trachten? Nenne ein Beispiel.

3. **Frage: Was solltest du nicht vergessen, wenn es um materiellen Besitz geht?**

Hiob 1,21 (vgl. 1Tim 6,7)

Prediger 5,10

Prediger 5,11

Matthäus 6,19 (vgl. Spr 23,4-5)

Lukas 12,15

1. Timotheus 6,9

Welche Versuchungen, Fallstricke und Begierden (vgl. 1Tim 6,9) könnten mit dem Wunsch nach „Immer mehr" einhergehen?

4. Frage: In Ägypten hatte Mose zwei Möglichkeiten, für die er sich entscheiden konnte. Lies Hebräer 11,24-26 und ergänze in der Tabelle die fehlenden Informationen.

Möglichkeit A	Möglichkeit B
V. 24:	Führer des Volkes Gottes
zeitlicher Genuss der Sünde	V. 25:
V. 26:	Schmach des Christus

Wozu hat sich Mose schließlich entschieden? Was hat ihn motiviert (V. 26)?

Vor welcher Entscheidung stehst du persönlich (Mt 6,24)?

5. Frage: Der griechische Philosoph Epikur von Samos sagte: „Wem genug zu wenig ist, dem ist nichts genug." Doch *wie viel* ist genug (Hebr 13,5; vgl. 1Tim 6,8)?

6. Frage: Sowohl der Herr Jesus als auch der Apostel Paulus waren genügsame Menschen. Was verrät das Wort Gottes über ihre materiellen Verhältnisse?

Jesus (Lk 9,58; 2Kor 8,9)

Paulus (1Kor 4,11; Phil 4,11-12)

7. Frage: Die meisten von uns sind sehr viel reicher als die „reichen" Gläubigen, an die sich Paulus in 1. Timotheus 6,17-19 wendet. Was gebietet er „den Reichen im gegenwärtigen Zeitlauf"? Wovor warnt er sie?

Anweisungen	Warnungen

Welche innere Haltung solltest du haben, wenn du anderen von dem gibst, was Gott dir anvertraut hat (2Kor 9,7)?

Lektion 7: Versuchungen

Der Kuss der Schlange

Du musst kein Reptilienkenner sein, um zu wissen, dass du einer Klapperschlange keinen Kuss geben solltest – du würdest es nämlich bereuen! Ron Reinold aus Florida musste das am eigenen Leib erfahren. Sein Nachbar Charles Goff hatte eine solche Giftschlange gefunden und in einen Behälter gesteckt. Um sich vor seinen Freunden in Szene zu setzen, begann Reinold am nächsten Tag, mit dem Tier zu spielen. Zu guter Letzt verkündete er: „Schaut mal, ich geb ihr einen Kuss aufs Maul!" Das Reptil fühlte sich bedroht und biss Reinold in die Zunge. „Ron hat nur ein bisschen mit ihr herumgealbert", sagt Charles Goff, der jede Verantwortung für das Unglück von sich weist. „Er dachte wohl, er könnte den Teufel küssen und unbeschadet davonkommen. Offensichtlich hat das nicht funktioniert!" Wie der Fernsehsender WJAX berichtet, wurde Reinold in kritischem Zustand ins Krankenhaus geflogen; seine Angehörigen erwarten, dass er den Vorfall überleben wird.[3]

Vielleicht sagst du jetzt: „Wie verrückt muss man eigentlich sein, um eine Klapperschlange zu küssen?“ Eine berechtigte Frage. Doch willst du tatsächlich behaupten, du hättest angesichts der folgenden Versuchungen klüger gehandelt?

- Wenn dir eine (andere) Schlange ins Ohr säuselt: „Iss nur von der verbotenen Frucht des Baumes, dann wirst du sein wie Gott!“ (vgl. 1Mo 3,4-5).
- Wenn du einen riesigen Kohldampf hast, und durch die Wohnung zieht der Duft eines Linsengerichts. „Verkauf mir dein Erstgeburtsrecht“, schlägt dir dein Bruder vor, „dann geb ich dir was ab!“ (vgl. 1Mo 25,29-34).
- Wenn vor dir eine Menge Gold und Silber liegt, das deinen Geldsorgen für immer ein Ende bereiten würde. „Klar hat Gott gesagt, ich soll die Finger davon lassen. Aber es sieht ja keiner ...“ (vgl. Jos 7,21).

Es ist immer einfacher, der Versuchung auszuweichen, als ihr zu widerstehen.

Randy Alcorn (*1954), amerikanischer Autor

Versuchungen begegnen dir Tag für Tag, sei es in Form von Geld oder Gier, Sex oder Status. Was immer es sein mag: Auch du kannst nicht „den Teufel küssen und unbeschadet davonkommen.“ Deshalb fordert dich die Bibel dazu auf, vor Versuchungen zu fliehen. Einen Ausweg gibt es immer (vgl. 1Kor 6,18; 10,13).

Zum Nachdenken: Der Schriftsteller Mark Twain (1835-1910) stellte fest: „Das Verbotene ist oft von einer solchen Anziehungskraft umwoben, dass es uns unsagbar begehrenswert erscheint.“ Das ist eine treffende Beschreibung für die Wirkung, die Versuchungen auf uns Menschen haben können. Welche Beispiele für Versuchungen fallen dir ein? Welche Konsequenzen hätte es, wenn du ihnen nachgeben würdest?

1. **Frage: Die Bibel identifiziert drei Quellen der Versuchung. Lies die angegebenen Verse und ordne sie der richtigen Spalte zu:**

1. Mose 3,1 • Matthäus 4,3 • Markus 7,21-23 • Galater 5,19-21 • 2. Timotheus 4,10 Jakobus 1,14 • Jakobus 4,4 • 1. Petrus 5,8 • 1. Johannes 2,15-16.		
Der Teufel	**Die Welt**	**Das Fleisch**

2. **Frage: Wie wird der *Teufel* in den o. g. Versen genannt? Beschreibe seine Strategie.**

______

______

______

______

Was hat Jesus am Kreuz in Bezug auf den Teufel bewirkt (Kol 2,15; Hebr 2,14)?

______

______

______

______

3. Frage: Erkläre den Begriff *Welt*, wie er in den Versen aus der ersten Frage verwendet wird. Was sagt die Heilige Schrift zu denen, die die Welt lieben?

Was hat Jesus am Kreuz im Blick auf die Welt bewirkt (Joh 16,33; 1Jo 5,4)?

4. Frage: Was meint die Bibel, wenn sie vom *Fleisch* spricht? Was geschieht, wenn du ihm freien Lauf lässt?

Was hat Jesus am Kreuz in Bezug auf das Fleisch bewirkt (Röm 6,6; 8,3)?

5. Frage: Wenn du dein Vertrauen auf Christus setzt, gibt er dir neues, ewiges Leben (vgl. 1Petr 1,23). Deine alte, sündhafte Natur haftet dir jedoch an, solange du auf dieser Erde lebst. Welchen Konflikt hat das zur Folge (Röm 7,14-15; Gal 5,17)?

6. Frage: Der irische Schriftsteller Oscar Wilde sagte: „Allem kann ich widerstehen, nur der Versuchung nicht." Eine ehrliche Aussage. Für Menschen, die durch den Glauben an Christus von neuem geboren worden sind, gilt sie allerdings nicht. Welche Zusage macht Gott dir in 1. Korinther 10,13?

7. Frage: Wozu ermutigt dich die Heilige Schrift in Zeiten der Versuchung?

Markus 14,38

Römer 13,14

Epheser 6,11 (12-20)

2. Timotheus 2,22

Jakobus 4,7

Wähle dir von den o. g. Versen *einen* aus, auf den du in der kommenden Woche dein besonderes Augenmerk richten willst. Lerne ihn auswendig.

Der von mir gewählte Vers ist:

8. Frage: Was tun, wenn du versagt hast? In 1. Johannes 1,9 findest du die Antwort.

Lektion 8: Sorgen

Getragen von ewigen Armen

Ich ziehe um, und du hilfst mir. Der Großteil meiner Sachen ist in Bananenkisten verpackt. Manche sind leicht, andere so schwer, dass du dich fragst, was da wohl drin stecken mag. Wie die, mit der du dich gerade jetzt abmühst. Meine neue Wohnung liegt im dritten Stock, aber zum Glück gibt's einen Aufzug. Mit deinem Ellbogen drückst du den Knopf und verfolgst auf der Anzeige, wie der Fahrstuhl nach unten fährt: „3 – 2 – 1." Deine Kiste scheint immer schwerer zu werden. Endlich: „Erdgeschoss". Du torkelst in die Kabine, drückst auf „3". Die Tür schließt sich, der Aufzug setzt sich in Bewegung. Dein Rücken schmerzt; auf deiner Stirn bilden sich Schweißtropfen. „1. Stock." Deine Arme werden immer länger. „2. Stock". Gleich wird dir die Kiste aus den Händen gleiten. „3. Stock". Als sich die Tür öffnet, kauerst du in einer Ecke der Kabine und klammerst dich verzweifelt an deine Bananenkiste. – Natürlich ist das eine fiktive Geschichte: Erstens ziehe ich nicht um, und zweitens hättest du deine Last sofort nach Betreten des Aufzugs abgesetzt. Schließlich ist es für den Aufzug kein Problem, dich *und* deine Last zu tragen – er tut es ohnehin schon, auch wenn du dich dazu entschließt, weiter an ihr festzuhalten!

Und doch gehst du vielleicht mit deinen Sorgen ähnlich um wie mit der Kiste in der erfundenen Geschichte. Du sagst: „Diese Last ist zu schwer für mich! Ich brauche Hilfe von Gott!“ Dann kommst du zu ihm, betrittst (im Bild gesprochen) „den Aufzug“ und klagst ihm dein Leid – nur um danach weiter an deinen Sorgen festzuhalten! Hast du vergessen, dass Gott ohnehin schon dich *und* deine Last trägt? In 5. Mose 33,27 heißt es über ihn: „Eine Zuflucht ist der Gott der Urzeit, und unter dir sind ewige Arme“ – unter dir *und* deiner Last!

> *Der Herr ist unser Lastenträger; auf ihn müssen wir all unsere Sorgen werfen.*
>
> Friedrich von Bodelschwingh (1831-1910), evangelischer Theologe

„Herr, du kennst die Sorge, die mich bedrückt, und die Last, die ich mit mir herumschleppe. In deinem Wort sagst du: ‚Sei nicht besorgt!‘ (vgl. Mt 6,25), und du lädst mich dazu ein: ‚Wirf deine Last auf mich!‘ (vgl. Ps 55,23). Genau das möchte ich jetzt tun. Danke, dass *du* dich jetzt um die Dinge kümmerst, die mir Not bereiten (vgl. 1Petr 5,7). Auch wenn meine Gefühle dagegen sprechen, darf ich doch wissen: Du hebst und du trägst und du rettest (vgl. Jes 46,4)!“

Zum Nachdenken: Der Himmel wird garantiert „sorgenfrei“ sein (vgl. Offb 21,4). Aber könnte es vielleicht schon im Hier und Jetzt möglich sein, ohne Sorgen durchs Leben zu gehen? Was denkst du?

1. Frage: Welche Warnungen spricht der Herr Jesus in Bezug auf Sorgen aus? Wie begründet er diese?

	Warnung	Begründung
Matthäus 6,25		
Matthäus 6,34		
Johannes 14,27		

2. Frage: Welche Zusagen aus dem Wort Gottes machen Sorgen unnötig?

Josua 1,9

Jesaja 35,4

Jesaja 41,10

Jesaja 46,4

3. **Frage: Der Cricketspieler Glen Turner stellte fest: „Sich Sorgen zu machen ist wie im Schaukelstuhl zu sitzen. Es beschäftigt einen, bringt einen aber nirgendwo hin.“ Das sagt auch der Herr: Niemand kann „mit Sorgen seiner Lebenslänge eine Elle zusetzen“ (Mt 6,27). Sind Sorgen deswegen Sünde? Begründe deine Antwort.**

4. **Frage: Welche „Gegenmittel“ zu Sorgen werden in den folgenden Versen angesprochen? Ordne richtig zu und fasse die Verse kurz mit deinen eigenen Worten zusammen:**

Jesaja 50,10 • Philipper 4,8 • Kolosser 3,15	
Denke richtig!	
Sei dankbar!	
Vertraue dem Herrn!	

5. **Gott will nicht, dass du einen Rucksack voller Sorgen mit dir herumschleppst. Was sollst du stattdessen mit ihnen tun? Was sind die Folgen, wenn du der jeweiligen Aufforderung nachkommst?**

	Aufforderung	Folgen
Psalm 37,5		
Psalm 55,23		
Matthäus 11,28		
Philipper 4,6-7		
1. Petrus 5,6-7		

Was bedeutet es, sich „unter die mächtige Hand Gottes" zu demütigen (1Petr 5,6-7)?

6. **Frage: In Psalm 62,8 fordert David dazu auf: „Schüttet euer Herz vor [Gott] aus!" Welche Erfahrungen macht er, als er sich mit seinen Sorgen an Gott wendet (Ps 34,5; 94,19)?**

7. **Frage: Welche Sorgen bedrücken dich gerade? Schreib sie auf. „Wirf sie" dann – eine nach der anderen – auf den Herrn (vgl. 1Petr 5,6-7) und danke ihm dafür, dass er dich und deine Sorgen in seinen ewigen Armen trägt (vgl. 5Mo 33,27)!**

Lektion 9: Leid

Des Lebens dunkle Rätsel

Ein Apologet ist einer, der die christliche Lehre verteidigt. Einer der bekanntesten Vertreter dieser Zunft war Ravi Zacharias (1946-2020). Als international gefragter Redner war er es gewohnt, kritische Fragen in Bezug auf den Glauben zu beantworten. In einem Vortrag erzählte er:

„Vor einigen Jahren befand ich mich auf der Rückreise von Bangkok nach Atlanta und hatte eine Zwischenlandung in Newark. ... Nach der Passkontrolle begab ich mich an den Flugsteig, von dem aus meine Reise nach Atlanta weitergehen sollte. Auf der Anzeigetafel stand jedoch ein anderer Zielort, daher wandte ich mich an eine Dame im Wartebereich: ‚Entschuldigung, ist das hier das richtige Gate für den Flug nach Atlanta?' – ‚Ja, da sind Sie richtig', erwiderte sie. ‚Gut.' Ich wandte mich um und wollte einen Kaffee holen, als ich Schritte hinter mir hörte. Es war die Dame aus dem Wartebereich. ‚Entschuldigen Sie', sagte sie: ‚Sind Sie Ravi Zacharias?' – ‚Ich fürchte ja', antwortete ich. ‚Das ist erstaunlich!', rief sie aus. ‚Ich dachte nicht, dass auch Sie

Fragen haben!“ Zacharias erklärte: ‚Manche meinen, du hättest keine Fragen, nur weil du christlicher Apologet bist. Sie halten dich für eine Art ‚Antwort-Maschine‘: Man muss nur oben die passende Münze reinwerfen, und schon kommt unten die richtige Antwort raus. Aber so läuft das nicht.“[4]

Auch Theologen haben Fragen – und nicht nur dann, wenn sie auf Reisen sind. Eine davon ist die Frage nach dem Leid. Trotz aller hilfreicher Bücher, die über dieses Thema geschrieben wurden: Auf die Frage, warum Gott in deinem Leben Leid zulässt, wirst du wahrscheinlich auf dieser Seite der Ewigkeit keine abschließende Antwort finden. Denk an Hiob. Wenn sich einer mit Leid auskannte, dann er. Doch sogar der „Mann im Lande Uz“ (Hi 1,1) wusste die Tragödien in seinem Leben nicht richtig einzuordnen. Eines aber wusste er: dass sein Erlöser lebt (vgl. Hi 19,25)!

Christus hat uns nicht vom Leid erlöst, sondern von der Verzweiflung.

Arno Backhaus (*1950), christlicher Liedermacher und Autor

Bei all den „dunklen Rätseln“ deines persönlichen Lebens und Leidens darfst auch du an dieser Tatsache festhalten: Dass es einen Erlöser gibt, dem du selbst in den Situationen vertrauen kannst, die du nicht verstehst; einen, der selbst „mit Leiden vertraut“ ist (Jes 53,3); einen gnädigen und barmherzigen Gott (vgl. Ps 112,4), der allezeit bei dir ist (vgl. Mt 28,20), um dich in deiner Bedrängnis zu trösten (vgl. 2Kor 1,4)!

Zum Nachdenken: „Jede Lebensgeschichte ist eine Leidensgeschichte“, bemerkte der Philosoph Arthur Schopenhauer (1788–1860). Leid gehört zu den grundlegenden Erfahrungen jedes Menschen. Was gäbe es auf dieser Welt *nicht*, wenn es kein Leid gäbe?

1. **Frage: Wie beschreibt Salomo im Buch *Prediger* das menschliche Dasein „unter der Sonne“ (Pred 1,3)?**

   Prediger 2,23

   Prediger 4,1

   Prediger 5,16

   Welche Formen des Leids beobachtest du in deinem Lebensumfeld?

2. **Frage: Johannes stellt fest: „Die ganze Welt [befindet sich] im Bösen“ (1Jo 5,19). Wer ist letztendlich dafür verantwortlich?**

3. Frage: Welchen Vorwurf erheben viele Menschen gegenüber Gott (Hi 24,12; Hab 1,3)?

Wie beurteilst *du* diese Anschuldigung?

Bei allen ungelösten Fragen in Bezug auf das Leid: Welcher Eigenschaft Gottes darfst du dir gewiss sein (Hi 8,3; 34,10; 37,23; Ps 145,9; 1Jo 1,5)?

5. Frage: Leid hat seinen Ursprung nicht in Gott, doch er verwendet es in seiner Souveränität dazu, dich zu segnen. In Römer 8,28 schreibt Paulus: „Wir wissen aber, dass denen, die Gott lieben, alle Dinge zum Guten mitwirken." Welche Frucht kann gerade in leidvollen Situationen entstehen? Fasse den Inhalt der Verse mit deinen eigenen Worten zusammen.

Römer 5,3-4

1. Petrus 5,10

6. Frage: Es gibt Leid, das ausschließlich Nachfolger des Herrn Jesus erfahren können. Worum handelt es sich (Phil 1,29; 1Petr 3,14)?

Was darfst du wissen, wenn du um Christi willen leidest (2Kor 1,5)?

7. Frage: Wozu lädt dich Gott ein (Ps 50,15)?

Was verspricht er denen, die Zuflucht bei ihm suchen (Ps 91,14-16)?

8. Frage: Jesus ist „ein Mann der Schmerzen und mit Leiden vertraut" (Jes 53,3), „voller Mitgefühl und Erbarmen" (NeÜ Jak 5,11). Was darfst du in Zeiten des Leids wissen?

Hiob 19,25

Jesaja 40,29

Jesaja 66,13

Nahum 1,7

Römer 8,18

Römer 8,35.38-39

2. Korinther 1,3-4

Lektion 10: Hoffnung

In Erwartung seines Kommens

Ein junger Prediger spricht über die Endzeit. Dabei zählt er der Reihe nach die Vorhersagen der Bibel über die letzten Tage auf. Er scheint bis ins kleinste Detail hinein „geplant" zu haben, wann und unter welchen Umständen der Herr Jesus wiederkommen muss. Am Ende der Veranstaltung kommt ein älterer Herr auf ihn zu und flüstert ihm ins Ohr: „Früher hatte ich die Wiederkunft des Herrn auch ganz genau für ihn vorausgeplant – bis ich vor einigen Jahren vom Planungskomitee ins Begrüßungskomitee gewechselt bin."[5]

In 1. Thessalonicher 4,16-17 schreibt der Apostel Paulus: „Der Herr selbst wird … herabkommen vom Himmel, und die Toten in Christus werden zuerst auferstehen; danach werden wir, die Lebenden, die übrig bleiben, zugleich mit ihnen entrückt werden in Wolken dem Herrn entgegen in die Luft." Unter Christen gibt es unterschiedliche Ansichten darüber, wann dies geschehen wird. Die Bibel spricht von einer Trübsalszeit auf Erden, die sich über einen Zeitraum von sieben Jahren erstrecken wird (vgl. Dan 9).

Manche glauben, dass die von Paulus beschriebene Entrückung *vor* Beginn der Trübsal stattfindet; andere sind der Ansicht, sie ereigne sich *während* der Trübsalszeit, wieder andere an deren Ende, direkt vor dem tausendjährigen Friedensreich Christi (vgl. Mt 24,36). Sie alle haben die Wiederkunft des Herrn bis ins letzte Detail für ihn „geplant" – wie der Bibellehrer M. R. DeHaan (1891-1965), der (wie der Autor dieser Zeilen) an die unmittelbar bevorstehende Entrückung glaubte. Für den Fall, dass er doch sterben musste, wollte er in der Nähe eines Menschen beerdigt werden, der in Bezug auf die Wiederkunft Christi eine andere Meinung vertrat als er. Mit einem Augenzwinkern sagte er: „Wenn wir dann [vor der Trübsal] in Wolken dem Herrn entgegen entrückt werden, kann ich zu ihm sagen: ‚Siehst du? Ich hab's dir doch gesagt!'"[6]

Wir tun gut daran, auf „das prophetische Wort ... zu achten als auf eine Lampe, die an einem dunklen Ort leuchtet, bis der Tag anbricht" (2Petr 1,19). Obwohl keiner den Tag und die Stunde der Entrückung und Wiederkunft Christi kennt (vgl. Mk 13,32), dürfen wir doch an der Hoffnung festhalten: Er wird wiederkommen! Werde Teil des „Begrüßungskomitees", das den Sohn Gottes aus den Himmeln erwartet – „Jesus, der uns rettet von dem kommenden Zorn" (1Thes 1,10)!

Nicht derjenige liebt die Wiederkunft des Herrn, der sagt, sie liegt nicht in weiter Ferne; auch nicht der, der sagt, sie steht unmittelbar bevor; sondern derjenige, der sie mit ernstem Glauben, fester Hoffnung und brennender Liebe erwartet, ganz gleich, ob sie fern oder nah ist.

Augustinus von Hippo (354-430), Kirchenlehrer

Zum Nachdenken: Der Autor Jerry B. Jenkins sagte: „Die bevorstehende Wiederkunft Jesu weckt in mir den Wunsch, den Menschen umso mehr von ihm und alldem zu erzählen, was er zu bieten hat." Welche Reaktionen ruft der Gedanke an die Wiederkunft Christi bei dir hervor?

1. Frage: Der Theologe Johann Arndt beschrieb *Hoffnung* „als ein beständiges, beharrliches Erwarten ... im Glauben". Was ist unsere Hoffnung als Gläubige?

   Johannes 14,3

   Apostelgeschichte 1,9-11

   1. Thessalonicher 1,2-3

   Titus 2,11-13

2. Frage: Bei seinem *Ersten Kommen* war Jesus der leidende Diener (vgl. Mk 10,45), bei seinem *Zweiten Kommen* wird er als siegreicher König erscheinen (vgl. Offb 19,11-16). Wie denken Menschen, die Gott nicht kennen, über dieses bevorstehende Ereignis (2Petr 3,3-4)?

Das Volk Gottes musste viele hundert Jahre auf das *Erste Kommen* des Messias warten, und auf sein *Zweites Kommen* hofft es seit ca. 2.000 Jahren. Was sollten wir bedenken, wenn wir an den Zeitpunkt der Wiederkunft Christi denken (2Petr 3,8; vgl. Ps 90,4)?

Was sagt der Herr selbst darüber, wann er auf diese Erde zurückkehren wird (Offb 3,11; 22,7.20)?

3. **Frage: Was geschieht beim *Zweiten Kommen* des Herrn?**
Ordne die Verse richtig zu:

Sacharja 12,10 • Sacharja 14,4 • Matthäus 24,30 • Judas 14-15.	
Jesus erscheint mit großer Macht und Herrlichkeit auf den Wolken des Himmels.	
Seine Füße stehen auf dem Ölberg, der sich daraufhin in zwei Teile spaltet.	
Die Juden erkennen ihn als den, den sie gekreuzigt haben.	
Der Herr übt Gericht aus über alle Gottlosen und überführt sie von ihren Sünden.	

4. **Frage: Vor dem *Zweiten Kommen* Christi findet die Entrückung der Gläubigen statt. Während er bei seiner sichtbaren Wiederkunft „auf dem Ölberg" stehen wird (vgl. Sach 14,4), kommt er bei der Entrückung den Seinen in den Wolken entgegen. – Was lernst du in den folgenden Versen über die Entrückung?**

1. Korinther 15,51-52

Philipper 3,20-21

1. Thessalonicher 4,16-17

5. **Frage: Welche Auswirkungen sollte das Wissen um die bevorstehende Entrückung und Wiederkunft Christi auf das Leben der Gläubigen haben?**

2. Petrus 3,11-14

1. Johannes 3,3

Welche Dinge gibt es momentan in deinem Leben, von denen du dich „reinigen" solltest?

6. **Frage: Auf welche Dinge kannst du dich freuen im Blick auf das, was kommen wird?**

Jesaja 32,18

Johannes 17,24

Kolosser 3,4

2. Timotheus 4,8

1. Johannes 3,2

Offenbarung 21,3-4

Endnoten

1 Rebmann, Jonathan; *Falsch geparkt – Bobby-Car-Fahrer kommt mit Ermahnung davon*, StB.DE, Stuttgarter Nachrichten, 11.07.2019, https://www.stuttgarter-nachrichten.de/inhalt.ludwigsburger-polizei-auf-facebook-falsch-geparkt-bobby-car-fahrer-kommt-mit-ermahnung-davon.04a20a0d-3f68-4063-8f4e-640c9f76304b.html; Abrufdatum: 11.5.2020.

2 Dieses Zitat wird dem evangelischen Pfarrer Wilhelm Busch (1897-1966) zugeschrieben.

3 *Florida man bitten on the tongue by rattlesnake*, CBS Interactive Inc., 18.5.2017, https://www.cbsnews.com/news/florida-man-bitten-on-the-tongue-by-rattlesnake/; Abrufdatum: 3.1.2020.

4 Nach einer Predigt von Ravi Zacharias in der Time Square Church in New York City, 2.6.2019; https://youtu.be/C7z-nk6WXC8; Abrufdatum: 7.6.2020.

5 Nach: Nicholes, Lou, *Lord's Return Planned to the Last Detail*, https://www.family-times.net/illustration/Prophecy/200354/; Abrufdatum: 7.6.2020.

6 Nach: Adair, James R., M. R. DeHaan, *The Life Behind the Voice*, Discovery House Publishers, Grand Rapids, 2008, S. 154.